AF227007

ANNALES DU MUSÉE GUIMET

REVUE

DE

L'HISTOIRE DES RELIGIONS

PUBLIÉE SOUS LA DIRECTION DE

MM. JEAN RÉVILLE ET LÉON MARILLIER

AVEC LE CONCOURS DE

MM. E. AMÉLINEAU, Aug. AUDOLLENT, A. BARTH, R. BASSET, A. BOUCHÉ-LECLERCQ, J.-B. CHABOT, E. CHAVANNES, P. DECHARME, L. FINOT, I. GOLDZIHER, L. KNAPPERT, L. LÉGER, Israel LÉVI, Sylvain LÉVI, G. MASPERO, P. PARIS, F. PICAVET, C. PIEPENBRING, Albert RÉVILLE, C.-P. TIELE, ETC.

Ed. CHAVANNES

—

LE DIEU DU SOL

DANS

L'ANCIENNE RELIGION CHINOISE

PARIS

ERNEST LEROUX, ÉDITEUR

28, RUE BONAPARTE (VIᵉ)

—

1901

La REVUE DE L'HISTOIRE DES RELIGIONS paraît tous les deux mois, par fascicules in-8º raisin, de 8 à 10 feuilles d'impression.

Prix de l'Abonnement annuel : Paris . . . . 25 fr. »
—   —   —   Départements . . . . . . 27 fr. 50
—   —   —   Etranger . . . . 30 fr. »
Un numéro pris au Bureau . . . . 5 fr. »

La Revue est purement historique ; elle exclut tout travail présentant un caractère polémique ou dogmatique.

Prière d'adresser tous les ouvrages destinés à la Revue à M. JEAN RÉVILLE, ou à M. L. MARILLIER, *directeurs de la Revue de l'Histoire des Religions*, chez M. Leroux, éditeur, 28, rue Bonaparte, à Paris, VIᵉ.

LE DIEU DU SOL

DANS L'ANCIENNE RELIGION CHINOISE

Mémoire lu au Congrès International d'Histoire des Religions, dans la section des religions de l'Extrême-Orient, le 5 septembre 1900.

Dans les travaux déjà nombreux qui ont été publiés sur l'ancienne religion chinoise, il ne nous semble pas qu'on ait fait une place assez importante à la divinité connue sous le nom de dieu du sol 社. C'est cette lacune que nous nous proposons de combler.

I

Le dieu du sol était une divinité essentiellement locale. Au vi[e] et au ve siècles avant notre ère, il y avait un dieu du sol pour chaque groupe de vingt-cinq familles[1]. Au jour initial du

1) *Se-ma Ts'ien*, trad. fr., tome IV, p. 75 (517 av. J.-C.) : « (Le duc de) *Ts'i* voulait lui donner un apanage de mille dieux du sol. » 齊欲以千社封之. Cf. *Tso tchoan*, 25e année du duc *Tchao*; Legge, *C. C.*, vol. V, p. 711, a. — De même, *Tso tchoan*, 15e année du duc *Ngai* (480 av. J.-C.); Legge, *C. C.*, vol. V, p. 843 : « Il lui donna par écrit cinq cents dieux du sol » 書社五百. — Les commentateurs expliquent que, dans ces phrases, chaque dieu du sol représente un groupe de vingt-cinq familles; ils s'appuient sur le texte du chapitre *Kiao t'o sing* du *Li ki* (Legge, *S. B. E.*, vol. XXVII, p. 425) dans lequel il est dit qu'il y avait un dieu du sol dans chaque canton 里 ; or le canton était formé par un ensemble de vingt-cinq familles.

cycle dans le second mois, le peuple recevait l'ordre de leur offrir des sacrifices[1] ; *Tch'en P'ing*, qui mourut en 178 avant J.-C., s'était fait une renommée de justice parce que, lors du sacrifice au dieu du sol dans le canton, il avait, étant découpeur, partagé la viande des victimes très également[2]. On voit donc qu'il y avait un dieu du sol dans chaque canton et que c'étaient des gens de toutes conditions qui lui faisaient les offrandes rituelles.

D'après le chapitre *Tsi fa* du *Li ki*[3], le roi avait un dieu du sol pour son peuple et un pour son usage personnel ; il en était de même des seigneurs féodaux ; enfin, au-dessous du rang de grand officier, tout groupe de familles avait un dieu du sol.

Les dieux du sol étant fort nombreux, chaque dynastie prétendait avoir le sien. Lorsque, dans les époques lointaines où toute chronologie cesse d'être possible, *T'ang* eut vaincu le dernier souverain de la dynastie *Hia*, il voulut changer son dieu du sol, mais ne put y parvenir ; on composa à cette occasion le chapitre, aujourd'hui perdu, du *Chou king* qui était intitulé « Le dieu du sol des *Hia*[4]. » Dans le pays de *Lou*, au viie et au vi[e] siècles avant notre ère, on avait conservé, à côté du dieu du sol des *Tcheou*, celui de la dynastie éteinte des *Yn*[5].

---

1) *Li ki*, chap. *Yue ling* ; Legge, *S. B. E.*, vol. XXVII, p. 259.

2) *Ts'ien Han chou*, chap. xl, p. 5 v⁰ : 里中社平爲宰分肉 甚均.

3) Legge, *S. B. E.*, vol. XXVIII, p. 206.

4) Préface au *Chou king* ; Legge, *C. C.*, vol. III, p. 4. — Cf. l'anecdote romaine du dieu Terme que Tarquin le Superbe ne put déplacer.

5) *Tso tchoan*, 2e année du duc *Min* (660 av. J.-C.) ; Legge, *C. C.*, vol. V, p. 129 *a* : « Il aura sa place à droite du duc ; il se tiendra entre les deux dieux du sol » 閒于兩社. — *Tso tchoan*, 6e année du duc *Ting* (504 av. J.-C.) ; Legge, *C. C.*, vol. V, p. 763 *b* : « *Yang Hou* fit prêter serment au duc et aux trois (familles issues du duc) *Hoan* auprès du dieu du sol des *Tcheou*; il fit prêter serment aux gens du royaume auprès du dieu du sol de *Po*. » Le dieu du sol de *Po* était celui de la dynastie *Yn*.

Le dieu du sol était une divinité redoutable qui présidait aux châtiments et par suite à la guerre conçue comme la punition qu'on infligeait à un coupable. Lorsque, dans le xie ou le xiie siècle avant notre ère, le roi *Ou* eut triomphé de *Tcheou*, dernier souverain de la dynastie *Yn*, il se transporta en grande pompe auprès de l'autel du dieu du sol, le frotta du sang de la victime qui, par sa vertu vitale animait la divinité, et lui déclara quels avaient été les crimes du vaincu [1].

En 671 et en 549 avant J.-C., nous voyons deux princes du pays de *Ts'i* profiter de ce que le sacrifice au dieu du sol comportait un certain appareil guerrier pour passer en revue une armée considérable qui inspirait la crainte aux envoyés des seigneurs voisins [2].

A ce dieu terrible, on sacrifiait parfois des victimes humaines. En 640 avant J.-C., un duc de *Tchou* fit ainsi périr devant l'autel du dieu du sol un prince qui lui avait désobéi [3]; en 532, on immola un captif près de l'autel du dieu du sol à *Po* [4]. Dans ces deux cas, des sages condamnèrent cette pratique barbare, mais il est hors de doute qu'elle était conforme à l'esprit des anciens temps.

Le dieu du sol paraît avoir été figuré autrefois par une pièce de bois ; sous la dynastie *Hia*, il aurait été fait en bois de pin ; sous les *Yn*, en bois de cyprès ; sous les *Tcheou*, en bois de châtaignier. Le nom même du châtaignier (*li*, 栗) rappelait que les hommes devaient craindre (慄) ce dieu vengeur. Cependant, dès le vi^e siècle avant notre ère, cette tradition était tenue pour surannée et Confucius déclarait qu'il valait mieux n'en pas parler [5].

1) *Se-ma Ts'ien*; trad. fr., tome I, p. 235-236 et tome IV, p. 88.

2) *Tso tchoan*, 23e année du duc *Tchoang* (671 av. J.-C.) et 24e année du duc *Siang* (549 av. J.-C.); Legge, *C. C.*, vol. V, p. 105 *a* et *b* et p. 508 *a*. — Cf. *Kouo yu*, section *Lou yu*, chap. i, p. 2 r°.

3) *Tso tchoan*, 19e année du duc *Hi* (641 av. J.-C.); Legge, *C. C.*, vol. V, p. 176 *b* et 177 *a*.

4) *Tso tchoan*, 10e année du duc *Tchao* (532 av. J.-C.); Legge, C. C., vol. V, p. 629 *b*.

5) *Luen yu*, chap. iii, § 21 ; Legge, *C. C.*, vol. I, p. 26.

On attribuait au dieu du sol une certaine influence sur les phénomènes extraordinaires de la nature. Lorsqu'une éclipse de soleil se produisait, le Fils du Ciel faisait battre des tambours auprès du dieu du sol ; les seigneurs, qui n'osaient pas le traiter si rudement, se contentaient de lui offrir des pièces de soie pour se le rendre favorable[1]. Peut-être est-ce la participation que le dieu du sol était censé avoir dans les calamités physiques qui a conduit les Chinois à le considérer comme un dieu qui châtie les hommes.

II

A un autre point de vue cependant, le sol est un pouvoir bienfaisant qui supporte et nourrit tous les êtres. On l'honorera donc, non pas par crainte seulement, mais pour lui demander la fertilité au printemps et pour le remercier de ses dons en automne. Sous cet aspect, le dieu du sol est associé à une autre divinité, le dieu des moissons, avec lequel il est uni d'une manière indissoluble dans l'expression

« les dieux du sol et des moissons » 社稷.

D'après une tradition qui nous a été conservée dans le *Tso tchoan*[2], la divinité à laquelle les souverains sacrifiaient sur

l'autel du dieu du sol était le Prince Terre, *Heou t'ou* 后土 ; on nommait ainsi *Keou-long*, fils de *Kong-kong*[3] ; c'est vraisemblablement ce personnage que *T'ang* n'avait pas pu supprimer quand il avait voulu déplacer le dieu du sol des *Hia*.

---

1) *Tso tchoan*, 25ᵉ année du duc *Tchoang* (669 av. J.-C.) ; 16ᵉ année du duc *Wen* (612 av. J.-C.) ; 17ᵉ année du duc *Tchao* (525 av. J.-C.) ; Legge, *C. C.*, vol. V, p. 109 *a*, 271 *b*, 667 *a*.

2) *Tso tchoan*, 29ᵉ année du duc *Tchao* (513 av. J.-C.) ; Legge, *C. C.*, vol. V, p. 731 *b*. Ce texte parle des dieux des cinq éléments : *Keou-mang* préside au métal ; *Jou-cheou*, au bois ; *Hiuen-ming*, à l'eau ; *Tchou-yong*, au feu ; *Heou-t'ou*, à la terre. Mais, en même temps, *Heou-t'ou* est le dieu du sol et, à ce titre, il est associé au dieu des moissons.

3) Cf. *Li ki*, chap. *Tsi fa* ; Legge, *S. B. E.*, vol. XXVIII, p. 208.

Quant au dieu des moissons, c'était le Directeur de l'agricul-
ture, *T'ien-tcheng* 田正, nom sous lequel on adorait
Tchou, fils de *Lie-chan*, à l'époque de la première dynastie
et dans les temps antérieurs ; à partir de la dynastie *Chang*,
ce fut *K'i* ou *Heou-tsi*, ancêtre des *Tcheou*, qui lui fut subs-
titué [1].

Comme on le voit par ce dernier exemple, les dieux du sol
et des moissons pouvaient être changés ; ils n'étaient pas
perpétuels [2]. Aussi lorsque *Kao-tsou* fonda la dynastie des
Han, son premier soin fut-il, dès la seconde année de son
règne (205 av. J.-C.), d'ordonner au peuple de supprimer
les dieux du sol et des moissons des *Ts'in* et d'établir à leur
place les dieux du sol et des moissons des *Han* [3].

Ces divinités étaient comme la personnification surnatu-
relle du territoire d'un souverain. D'innombrables expres-
sions de la langue chinoise en font foi : régner, c'est « présider aux dieux du sol et des moissons [4] » ; un prince en
fuite « ne veille plus aux dieux du sol et des moissons [5] » ;
s'il reprend le pouvoir, « il s'acquitte de nouveau des sacrifices à ses dieux du sol et des moissons [6] » ; s'il rend le pays

1) Cf. *Ts'ien Han chou*, chap. xxv, *a*, p. 1 v° et 2 r° : « *T'ang* voulut déplacer
le dieu du sol des *Hia*, mais ne le put pas ; on composa (l'écrit intitulé) « Le
dieu du sol des *Hia* ». Il enleva du moins *Tchou*, fils de *Lie-chan*, et le remplaça
par *K'i* (ancêtre) des *Tcheou*, à qui on sacrifia comme au dieu des moissons. »

2) *Tso tchoan*, 32e année du duc *Tchao* (510 av. J.-C.); Legge, *C. C.*, vol. V,
p. 741 *b* : 社稷無常奉.

3) *Ts'ien Han chou*, chap. i, *a*, p. 10 r° : 令民除秦社稷立
漢社稷.

4) 主社稷. Un prince est le 社稷之主. *Tso tchoan*, 3e année
du duc *Yn*, 18e année du duc *Siang*, 7e et 13e années du duc *Tchao* et 1re année
du duc *Ting*; Legge, *C. C.*, vol. V, p. 13 *b*, 479 *a*, 619 *b*, 650 *a*, 745 *a*.

5) 不撫社稷, ou encore 失守社稷. *Tso tchoan*, 14e année du
duc *Siang*, 20e année du duc *Tchao*, 4e année du duc *Ting*; Legge, *C. C.*,
vol. V, p. 465 *b*, 682 *a*, 757 *b*.

6) 復奉其社稷. *Tso tchoan*, 11e année du duc *Yn*; Legge, *C. C.*,
vol. V, p. 33 *b*.

prospère, « il assure le calme aux dieux du sol et des mois-sons[1] » ; quand il agit pour le bien de l'état, il déclare qu'il « tient compte des dieux du sol et des moissons[2] » ; vient-il à subir un affront, « il a déshonoré ses dieux du sol et des moissons[3] » ; s'il recherche une alliance, il dit qu' « il ne peut à lui seul remplir ses devoirs envers les dieux du sol et des moissons[4] », et le souverain qui lui donne son appui « protège et rassure ses dieux du sol et des moissons[5]. » Un ministre loyal est « le protecteur des dieux du sol et des moissons[6] » ; un homme éminent est leur rempart[7]. Si « les dieux du sol et des moissons n'ont plus de sang (à boire et de viande) à manger[8] », c'est-à-dire si on ne leur offre plus de sacrifices, c'est que l'état est anéanti. A l'époque des pre-miers *Han,* lorsque le fondateur de la dynastie voulut ré-

1) 定社稷. *Tso tchoan,* 11e année du duc *Yn*; Legge, *C. C.,* vol. V, p. 33 *b.*

2) 以社稷之故. *Tso tchoan,* 25e année du duc *Tchao*; Legge, *C. C.,* vol. V, p. 711 *b.*

3) 辱社稷. *Tso tchoan,* 8e année du duc *Ting*; Legge, *C. C.,* vol. V, p. 769 *b.*

4) 不能獨任其社稷. *Tso tchoan,* 3e année du duc *Tchao*; Legge, *C. C.,* vol. V, p. 588 *b.*

5) 鎮撫其社稷. *Tso tchoan,* 3e, 7e et 15e années du duc *Tchao*; Legge, *C. C.,* vol. V, p. 588 *b*, 616 *b*, 659 *b.*

6) 社稷之衛. *Tso tchoan,* 12e année du duc *Siuen*; Legge, *C. C.,* vol. V, p. 321 *b.*

7) 社稷之固. *Tso tchoan,* 21e année du duc *Siang*; Legge, *C. C.,* vol. V, p. 491 *a.*

8) 社稷實不血食. *Tso tchoan,* 7e année du duc *Tchoang*; Legge, *C. C.,* vol. V, p. 79 *b.* — Cf. *Ts'ien Han chou,* chap. I, *b,* p. 2 v°: 使其社稷不得血食 « Il a fait que ses dieux du sol et des moissons n'eussent plus de sang (à boire et de viande) à manger », c'est-à-dire il a supprimé ce royaume.

compenser ses parents et ses serviteurs en leur conférant des fiefs, il leur « permit d'instituer des dieux du sol et des moissons[1]. »

III

Le dieu du sol et son acolyte le dieu des moissons ne représentent cependant pas à eux seuls tout l'état. Le royaume n'est pas constitué seulement par le sol national, il l'est aussi par les ancêtres morts qui continuent à veiller sur son sort ; la capitale est la ville dans laquelle se trouve le temple ancestral[2]. C'est donc l'union des dieux du sol et des moissons avec le temple ancestral qui sera l'image de la patrie. Un des morceaux les plus anciens du *Chou king,* la harangue à *Kan,* nous en fournit déjà un témoignage. Le roi, étant parti en guerre, avait emmené avec lui dans les « chars du respect[3] » le symbole matériel du dieu du sol et celui de l'ancêtre ; il se faisait ainsi accompagner par les deux forces primordiales qui soutenaient son autorité ; c'était au nom du dieu du sol, divinité juste et sévère qu'il punissait ; c'était au nom de l'ancêtre, divinité bienfaisante, qu'il ré-compensait ; il termine donc sa harangue en énonçant la formule rituelle : « Ceux qui observeront mes ordres, je les récompenserai devant l'ancêtre ; — ceux qui n'observeront pas mes ordres, je les mettrai à mort devant le dieu du sol[4]. » Ce texte, à cause de son antiquité même, est d'une

---

1) 使得立社稷 . *Ts'ien Han chou,* chap. i, *b,* p. 2 r°.

2) 凡邑有宗廟先君之主曰都 . *Tso tchoan,* 28ᵉ année du duc *Tchoang*; Legge, *C. C.,* vol. V, p. 115 *a.*

3) 齊車 . *Li ki,* chap. *Tseng tse wen*; Legge, *S. B. E.,* vol. XXVII, p. 324. Un passage du *Tso tchoan* (4ᵉ année du duc *Ting*; Legge, *C. C.,* vol. V, p. 754 *a*) atteste aussi que le prince, lorsqu'il se mettait en personne à la tête de ses troupes, emportait avec lui son dieu du sol.

4) 用命賞于祖。不用命戮于社。 *Chou king,* chap. *Kan che*; Legge, *C. C.,* vol. III, p. 155; *Se-ma Ts'ien,* trad. fr., tome I, p. 165.

singulière importance ; dès l'aube encore obscure de la civilisation chinoise, nous voyons se dresser le dieu du sol et l'ancêtre comme les deux colonnes frustes et simples qui soutiennent tout l'édifice religieux.

Le même rôle de sévérité d'une part, de bonté de l'autre, est attribué au dieu du sol et à l'ancêtre dans une anecdote que nous raconte le *Tso tchoan* à la date de l'année 488 avant J.-C. Au moment où un royaume était près de périr par ses propres fautes, un homme eut un songe dans lequel il vit que la ruine de cette principauté allait être décidée par des personnages surnaturels réunis auprès du dieu du sol ; mais l'ancêtre de la dynastie intervint en sa faveur et obtint un sursis [1].

D'autres textes prouvent surabondamment l'influence prédominante de ces divinités dans les destinées de l'état. Sur le point de partir pour une expédition militaire, celui qui était à la tête des troupes se rendait dans le temple ancestral pour y recevoir l'ordre d'entrer en campagne, et auprès des dieux du sol et des moissons pour y prendre une portion de la viande crue offerte en sacrifice [2] ; par cette double démarche, il associait à son entreprise les deux pouvoirs tutélaires du royaume. — Un prince, dont la capitale vient

1) *Tso tchoan*, 7ᵉ année du duc *Ngai* ; Legge, *C. C.*, vol. V, p. 814 *b*.

2) 帥師者。受命於廟。受脹於社。 *Tso tchoan*, 2ᵉ année du duc *Min* (660 av. J.-C.) ; Legge, *C. C.*, vol. V, p. 130 *b*. — Le mot 脹 désignait la viande crue offerte au dieu du sol, par opposition au mot 膰 qui désignait la viande cuite présentée au temple ancestral. Dictionnaire *Chou wen* : 膰＝宗廟火熟肉. Commentaire de *Kou-leang* au *Tch'en-ts'ieou*, 14ᵉ année du duc *Ting* : 生曰脹。熟曰膰. — Cf. cet autre texte du *Tso tchoan*, 13ᵉ année du duc *Tch'eng* (578 av. J.-C.) ; Legge, *C. C.*, vol. V, p. 382 *a* : « Les grandes affaires de l'état sont les sacrifices (au temple ancestral) et (les sacrifices au dieu qui préside à) la guerre (c'est-à-dire au dieu du sol). Dans les sacrifices (au temple ancestral), on prend la viande cuite ; dans (les sacrifices au dieu qui préside à) la guerre, on reçoit la viande crue. Ce sont là les grands devoirs envers les dieux. »

d'être prise, attend ses vainqueurs en habits de deuil, tenant dans ses bras son dieu du sol et faisant présenter par un de ses hauts dignitaires les ustensiles du temple ancestral [1]; il offre ainsi son pays tout entier au triomphateur ennemi. — Un grand incendie à *Song* est annoncé d'avance par une voix prophétique dans le temple ancestral et par un oiseau qui crie sur l'autel du dieu du sol [2], car c'est en ces deux endroits sacrés qu'il est des larmes pour les événements néfastes à la patrie, *sunt lacrymæ rerum*.

A la capitale, le palais du souverain avait à sa droite l'autel des dieux du sol et des moissons et à sa gauche le temple ancestral [3]; c'étaient comme ses deux soutiens impérissables. — Le prince devait présider aux dieux du sol et des moissons et assister aux sacrifices aux ancêtres [4]; s'il accomplissait ce double devoir, il s'acquittait bien de son métier de roi [5]. — Des ministres qui craignent pour leur pays en l'absence de son chef, disent: « Nous ne pouvons supporter l'idée de ce qui va arriver aux dieux du sol et des moissons et au temple ancestral [6]. » — A une époque plus récente, nous

1) *Tso tchoan*, 25e année du duc *Siang* (548 av. J.-C.); Legge, *C. C.*, vol. V, p. 515 *b*.

2) *Tso tchoan*, 30e année du duc *Siang* (543 av. J.-C.); Legge, *C. C.*, vol. V, p. 556 *b*.

3) *Li ki*, chap. *Tsi i*; Legge, *S. B. E.*, vol. XXVIII, p. 235 : 建國之神位。右社稷而左宗廟。

4) *Tso tchoan*, 7e année du duc *Tchao*; Legge, *C. C.*, vol. V, p. 619 *b* : 侯主社稷臨祭祀.

5) *Tso tchoan*, 27e année du duc *Tchao*; Legge, *C. C.*, vol. V, p. 722 *a* : 苟先君無廢祀。民人無廢主。社稷有奉。國家無傾。乃吾君也。 « *Si les princes nos ancêtres ne manquent pas des sacrifices* (qui leur sont dus) et si le peuple ne manque pas d'un souverain, *si les dieux du sol et des moissons reçoivent les offrandes* (prescrites) et si l'état ne va pas à sa ruine, il est mon prince (celui qui veille à cela). »

6) 不忍社稷宗廟。 *Tso tchoan*, 7e année du duc *Siang* (566 av. J-C.); Legge, *C. C.*, vol. V, p. 432 *b*.

voyons, en 167 avant J.-C., l'empereur *Wen* rapporter la prospérité de son règne « à l'appui surnaturel que lui a prêté le temple ancestral et au bonheur que lui ont envoyé les dieux du sol et des moissons [1]. » En 117 avant J-.C., de hauts fonctionnaires représentent à l'empereur *Ou* que les anciens Fils du Ciel avaient l'habitude de créer des seigneurs « afin d'honorer leur temple ancestral et de raffermir leurs dieux de la terre et des moissons [2]. »

L'union des dieux du sol et des moissons avec le temple ancestral nous est encore attestée indirectement par les phrases très nombreuses dans lesquelles on trouve associés les fonctionnaires qui leur étaient respectivement affectés, le *tchou* 祝 et le *tsong* 宗. Le *tsong* était, comme son nom même l'indique, le préposé au temple ancestral; quant au *tchou*, ou prieur, sa fonction spéciale était de s'occuper des dieux du sol et des moissons; il devait toujours rester auprès d'eux et ne sortait du territoire de l'état que dans les grandes expéditions militaires où le prince emmenait avec lui ces divinités [3]. L'expression *tsong* et *tchou* ou *tchou* et *tsong*, qui est si fréquente dans les textes historiques [4], dé-

---

1) 賴宗廟之靈社稷之福. *Se-ma Ts'ien*, trad. fr., tome III, p. 454-455.

2) 所以尊宗廟重社稷也. *Se-ma Ts'ien*, chap. LX, p. 1 v°.

3) *Tso tchoan*, 4ᵉ année du duc *Ting* (506 av. J.-C.); Legge, *C. C.*, vol. V, p. 754 *b* : « D'ailleurs le prieur est un fonctionnaire attaché au service des dieux du sol et des moissons; tant que les dieux du sol et des moissons ne sont pas déplacés, le prieur ne sort pas du territoire; telle est la règle de ses fonctions officielles. Si le prince se met en marche avec son armée, on purifie le dieu du sol, on frotte de sang les tambours et le prieur suit (le prince) en les emportant avec lui; c'est dans ces occasions qu'il sort du territoire. »

4) *Tso tchoan*, 32ᵉ année du duc *Tchoang* (662 av. J.-C.); Legge, *C. C.*, vol. V, p. 120 *b* : Un être surnaturel étant descendu à *Sin*, le prince de *Kouo* charge son prieur 祝, *Yng*, son préposé au temple ancestral 宗, *K'iu*, et son clerc 史, *Yn*, de lui faire des offrandes. — *Tso tchoan*, 4ᵉ année du duc *Ting* (506 av. J.-C.); Legge, *C. C.*, vol. V, p. 754 *a* : Les ducs de *Lou* ont le droit d'avoir

note la simultanéité des cérémonies qu'on célébrait au temple
ancestral et auprès des autels des dieux du sol et des moissons.

IV

Le dualisme primitif d'un élément naturiste, le dieu du
sol et d'un élément animiste, l'ancêtre, que nous trouvons à
la base de la religion chinoise, nous le découvrirons encore
dans ces concepts du Ciel (*t'ien*, 天) et de l'Empereur d'en
haut (上帝) qui ont déjà soulevé tant de controverses parmi
les sinologues. Un texte fort curieux de *Se-ma Ts'ien* rap-
proche en effet le Ciel et le dieu des moissons, tandis qu'il
met en relations l'Empereur d'en haut avec l'ancêtre. Le duc
de *Tcheou*, lisons-nous, « fit le sacrifice *kiao* à *Heou-tsi* pour
l'associer au Ciel et le sacrifice ancestral au roi *Wen* dans le
Ming-t'ang pour l'associer à l'Empereur d'en haut[1]. » Ceci

des prieurs 祝, des préposés au temple ancestral 宗, des devins 卜, des
clercs 史. — *Tso tchoan*, 17ᵉ année du duc *Tch'eng* et 25ᵉ année du duc *Tchao*;
Legge, *C. C.*, vol. V, p. 403 *a* et 711 *b* : En 574 et en 517 avant J.-C., le
même cas se présente d'un grand dignitaire qui fait demander aux dieux par
son prieur et son préposé au temple ancestral 祝宗 que la faveur de mourir
lui soit accordée. — *Tso tchoan*, 14ᵉ année du duc *Siang* (559 av. J.-C.); Legge,
C. C., vol. V, p. 465 *b* : Un duc en fuite fait annoncer aux dieux par son
prieur et son préposé au temple ancestral 祝宗 (par inadvertance, Legge
traduit « the director of prayers ») qu'il a dû s'enfuir et qu'il est innocent. —
Tso tchoan, 14ᵉ année du duc *Ngai* (482 av. J.-C.); Legge, *C. C.*, vol. V,
p. 832 *b* : « Le prieur et le préposé au temple ancestral 祝宗 diront.... »
— *Se-ma Ts'ien*, trad. fr. tome I, p. 238 (texte très ancien tiré du *Tcheou
chou*) : « (Le roi *Ou*) ordonna au préposé au temple ancestral et au prieur de
faire dans le camp des offrandes et un sacrifice d'actions de grâces aux ancêtres morts. » 命宗祝享祠于軍.

1) *Se-ma Ts'ien*, trad. fr., tome III, p. 419 : 郊祀后稷以配天。
宗祀文王於明堂以配上帝. Ce texte se retrouve dans

ne prouve-t-il pas péremptoirement que l'Empereur d'en haut et le Ciel sont distincts, puisque l'un est mis en rapport avec le dieu des moissons, *Heou-tsi*, et l'autre avec l'ancêtre par excellence, le roi *Wen*?

Le *Che king* confirme d'ailleurs que *Heou-tsi* était associé au Ciel[1], tandis qu'il nous montre « le roi *Wen* montant et descendant à la gauche et à la droite de l'Empereur (d'en haut)[2] ».

Le Ciel et le dieu des moissons, l'Empereur d'en haut et l'ancêtre ont donc respectivement quelque analogie. Le Ciel, comme le dieu des moissons, préside aux phénomènes de la nature ; l'Empereur d'en haut, comme l'ancêtre, préside aux choses humaines.

Dans plusieurs textes historiques, le caractère anthropomorphique de l'Empereur d'en haut est très apparent ; ce sont des récits de songes dans lesquels l'homme croit avoir été mis en relations directes avec la divinité et trahit par conséquent l'idée qu'il s'en fait. En 659 avant J.-C., le duc *Mou*, de *Ts'in*, reste cinq jours dans un état comateux ; à son réveil, il dit qu'il a vu l'Empereur d'en haut et qu'il a reçu de lui l'ordre de châtier le pays de *Tsin*[3]. — Vers l'an 500 avant J.-C., la même aventure arrive à *Tchao Kien-tse*, qui exerçait l'autorité suprême dans le pays de *Tsin* ; quand il sort de sa léthargie qui avait duré sept jours, il raconte qu'il a été dans la demeure de l'Empereur (d'en haut) et qu'il s'y est beaucoup plu ; un léopard avait voulu l'étreindre ; sur

---

le *Hiao king* ou classique de la Pitié filiale. Legge n'a pas manqué de le signaler à l'attention du lecteur (*S. B. E.*, vol. III, p. 478, note) et il se demande : « Since « Heaven » and « God » have the same reference, why are they used here as if there were some opposition between them? » La réponse qu'il donne, d'après un commentateur chinois, n'est guère satisfaisante.

1) 思文后稷　　克配彼天. *Che king*, section *Tcheou song*, 1ʳᵉ décade, ode 10 ; Legge, *C. C.*, vol. IV, p. 580.

2) 文王陟降　　在帝左右. *Che king*, section *Ta ya*, 1ʳᵉ décade, ode 1 ; Legge, *C. C.*, vol. IV, p. 428.

3) *Se-ma Ts'ien*, trad. fr., tome III, p. 423.

l'ordre de l'Empereur, il l'avait tué; il avait aussi frappé à mort un ours qui marchait contre lui et l'Empereur s'en était montré fort content; enfin l'Empereur lui avait révélé les événements qui devaient avoir lieu dans son pays[1]. — En 649 avant J.-C., un revenant apparaît sur la terre pour annoncer qu'il a demandé à l'Empereur d'en haut, et obtenu de lui, la destruction de l'état de *Tsin*[2]. — Dans un récit de l'année 541 avant J.-C., nous lisons que, lorsque *I-kiang*, femme du roi *Ou*, était enceinte de *T'ai-chou*, elle rêva que l'Empereur (d'en haut) décernait un nom à son futur enfant et lui promettait un royaume[3].

On peut rapprocher de ces textes une ode du *Che king* qui paraît être fort ancienne et remonter aux premiers temps de la dynastie *Tcheou*; elle célèbre la naissance merveilleuse de *Heou-tsi* que sa mère, *Kiang-yuen*, conçut en marchant sur la trace laissée par l'orteil de l'Empereur (d'en haut)[4]. Ce détail matériel a fort scandalisé les commentateurs lorsque la réflexion philosophique eut épuré en Chine l'idée de la divinité; l'historien y voit au contraire un souvenir précieux de l'ancienne croyance en un Empereur d'en haut qui n'était qu'un homme divinisé.

Le Ciel n'apparaît jamais sous un tel aspect; comme toutes les forces de la nature, c'est une puissance mystérieuse et sombre qui n'a pas de forme précise. Si l'on remonte aux origines, le Ciel souverain et l'Empereur d'en haut ne sont pas des termes interchangeables : ce sont deux divinités qui ont leurs attributs distincts.

L'expression *Hao t'ien chang ti*, 昊天上帝, renferme donc une dualité; elle signifie « le Ciel auguste et l'Empereur d'en haut », et non, comme le traduit Legge : « Dieu demeurant dans les grands cieux. » Cette opinion se trouve confir-

1) *Se-ma Ts'ien*, chap. XLIII, p. 3 v° et chap. CV, p. 1 v°.
2) *Tso tchoan*, 10ᵉ année du duc *Hi*; Legge, *C. C.*, vol. V, p. 157 *a*.
3) *Tso tchoan*, 1ʳᵉ année du duc *Tchao*; Legge, *C. C.*, vol. V, p. 580 *a*.
4) *Che king*, section *Ta ya*, 2ᵉ décade, ode 1; Legge, *C. C.*, vol. IV, p. 465.

mée par une ode du *Che king* qui date du ixe ou du viiie siècle avant notre ère[1]; dans une strophe on lit les vers suivants :

群 公 先 正   則 不 我 助
父 母 先 祖   胡 寧 忍 予

« Les nombreux princes et les ministres de l'antiquité ne me donnent aucun secours; ô mes parents et mes ancêtres, comment pouvez-vous supporter de nous voir dans cet état? »

La strophe suivante se termine ainsi :

群 公 先 正   則 我 不 聞
昊 天 上 帝   寧 俾 我 遯

« Les nombreux princes et les ministres de l'antiquité ne m'écoutent pas ; ô Ciel auguste et Empereur d'en haut, il vaudrait mieux me laisser me retirer. »

Dans ces phrases où le parallélisme est évident, l'expression « les nombreux princes et les ministres de l'antiquité » est symétrique de l'expression « mes parents et mes ancêtres » ; par conséquent, dans la seconde strophe, le terme correspondant *hao t'ien chang ti* doit nécessairement renfermer une dualité « le Ciel auguste et l'Empereur d'en haut. »

Il faut reconnaître maintenant que les Chinois n'ont pas tardé à perdre la conscience nette de cette dualité; à force d'invoquer simultanément le Ciel et l'Empereur, ils en sont venus à les confondre et l'expression *hoang* (ou *hao*) *t'ien chang ti* a fini par former un tout indivisible. Mais la critique historique permet de voir que l'unité est ici toute factice. *Hoang-t'ien* (le Ciel souverain) et *Chang-ti* (l'Empereur d'en haut), ce sont deux termes en apposition qui vont de compagnie comme *cho tsi* (les dieux du sol et des moissons) et *tsong miao* (le temple ancestral), mais qui ont en réalité des caractères fort différents. *Hoang-t'ien chang-ti*, c'est le Janus à

_____
1) *Che king*, section *Ta ya*, 3e décade, ode 4 ; Legge, *C. C.*, vol. IV, pp. 531-532.

double visage qui se trouve au faîte des religions aryennes ; c'est, dans les Védas, Dyaus et c'est Varuna que la Grèce prend l'un pour l'autre, au point que Ζεύς est Varuna, tandis que Dyaus devient Οὐρανός ; c'est, à Rome, Jupiter, *Jus-piter*, le père des hommes et des dieux, qui conserve encore dans les attributs naturistes de *Jus* quelques-uns de ceux de l'antique Dyaus ; c'est le Ciel et c'est le Père [1].

IV

Si le progrès de la pensée occidentale a fait prédominer l'élément animiste sur l'élément naturiste et si la divinité suprême est devenue le Père par excellence alors que les cieux n'étaient plus conçus que comme sa demeure, c'est une évolution inverse à laquelle nous assistons en Chine. Tandis que, dans les odes du *Che king*, l'Empereur d'en haut est un dieu si moral et si bon que de nombreux missionnaires chrétiens n'ont pas hésité à l'identifier avec le Dieu de la Bible, les textes moins anciens nous montrent au contraire le Ciel prenant une place de plus en plus ·grande au détriment de l'Empereur d'en haut qui finit par perdre toute personnalité. Dans cette transformation du mythe, le dieu du sol joue un rôle qu'il importe de préciser.

A côté de l'expression *cho-tsi tsong-miao*, 社稷宗廟, qui unit les dieux du sol et des moissons au temple ancestral, la littérature chinoise présente souvent l'expression *kiao cho*, 郊社, qui met en relations les offrandes au dieu du sol (*cho*) avec la cérémonie qu'on célèbre dans la banlieue de la ville (*kiao*). Dans le texte de *Se-ma Ts'ien* que nous avons déjà cité, nous avons vu que le duc de *Tcheou* fit le sacrifice *kiao* à *Heou-tsi* pour l'associer au Ciel ; le sacrifice *kiao* s'adressait donc au Ciel dont *Heou-tsi*, le dieu des moissons, n'était que l'associé.

Un chapitre du *Chou king* qui paraît remonter au début

---

1) Cf. Darmesteter, *Le dieu suprême des Aryens*, dans *Essais orientaux*.

de la dynastie *Tcheou*, atteste l'antiquité des sacrifices *kiao* et *cho*. « Trois jours plus tard, lisons-nous dans le *Chao kao*, au jour *ting-se*, le duc de *Tcheou* offrit en victimes deux bœufs dans la banlieue (*kiao*); le lendemain, au jour *ou-ou*, il sacrifia au dieu du sol (*cho*) dans la nouvelle ville un bœuf, un mouton et un porc[1]. »

Ce texte a donné lieu à deux interprétations différentes. En effet, à partir de l'époque des *Han*, le sacrifice dans la banlieue (*kiao*) est double; dans la banlieue du Sud, il est célébré en l'honneur du Ciel; dans la banlieue du Nord, en l'honneur de la Terre. Certains exégètes ont donc voulu voir dans les deux bœufs la double offrande faite d'une part au Ciel, d'autre part à la Terre. Dans cette explication, le sacrifice au dieu du sol ne se confondrait pas avec le sacrifice à la Terre. Mais d'autres commentateurs ont fait remarquer, avec raison à mon avis, que, lors de la cérémonie dans la banlieue, on ne s'adressait primitivement qu'au Ciel; c'est le sacrifice au dieu du sol qui, dans le texte du *Chao kao*, correspond au sacrifice à la Terre. La difficulté reste de savoir pourquoi on mentionne deux bœufs pour le sacrifice *kiao*, alors qu'on n'offrait au Ciel qu'une seule victime. Un critique européen serait disposé à admettre une faute de texte et à lire *un* au lieu de *deux*. Les Chinois qui n'ont pas de telles hardiesses lorsqu'il s'agit de ces écrits vénérés, tentent une explication en disant que les deux bœufs étaient sacrifiés l'un au Ciel, l'autre à *Heou-tsi* qui lui était associé.

Quoi qu'il en soit, c'est le chapitre *Kiao t'o cheng* du *Li ki* qui expose la doctrine orthodoxe relative aux sacrifices *kiao* et *cho*. Au sacrifice *kiao*, en l'honneur du Ciel, on offrait un bœuf, victime unique; aux dieux du sol et des moissons, on présentait le groupe de trois victimes formé par les trois ani-

---

1) 越三日丁巳。用牲于郊。牛二。越翼日戊午。乃社于新邑牛一。羊一。豕一。. *Chou king*, chap. *Chao kao*; Legge, *C. C.*, vol. III, p. 423.

maux domestiques par excellence, le bœuf, le mouton et le porc[1], les τριττύα de la Grèce, les *suovetaurilia* de Rome.

Dans les sacrifices *kiao* et *cho,* le dieu céleste était opposé à un dieu terrestre. Ce dieu terrestre ne tarde pas à sortir des étroites limites où il était enfermé quand il n'était qu'un dieu du sol local ; étant le corrélatif du Ciel, il devient aussi vaste que lui ; il finit par englober dans son vaste sein la terre tout entière. On se rappelle[2] que le dieu du sol royal s'appelait *Heou-t'ou,* le prince Terre, et qu'il est d'abord identifié avec un personnage masculin, *Keou-long*, fils de *Kong-kong*. Or nous voyons cet ancien dieu du sol se transformer graduellement en une divinité féminine qui n'est autre que la Terre elle-même. Dès l'année 645 avant J.-C., on prend à témoin le Ciel majestueux et la Terre souveraine : « Votre Altesse marche sur la Terre souveraine (*Heou-t'ou*) et a au-dessus d'elle le Ciel majestueux (*Hoang-t'ien*). Le Ciel majestueux et la Terre souveraine ont entendu vos paroles[3]. » Un peu plus loin, le prince, qui a prêté ce serment, dit : « Le Ciel et la Terre me tiennent engagé[4]. » *Heou-t'ou* est ici le synonyme de *ti* « la Terre » opposée à *t'ien* « le Ciel. »

Dans les dix-neuf hymnes qui furent composés sous le règne de l'empereur *Ou* (140-87 av. J.-C.) pour être chantés lors des sacrifices dans la banlieue (*kiao*), le second est consacré à la Terre comme le premier l'était au Ciel ; on y invoque « la Souveraine Terre (*Heou-t'ou*) qui est l'opulente mère[5]. »

Heou-t'ou n'est donc plus le petit dieu d'un territoire borné ;

1) 郊特牲。而社稷大牢. Legge, *S. B. E.*, vol. XXVII, p. 416.
2) Cf. p. 128, ligne 20.
3) 君履后土。而戴皇天。皇天后土。實聞君之言 。. *Tso tchoan,* 15ᵉ année du duc *Hi* ; Legge, *C. C.*, vol. V, p. 168 *a.*
4) 天地以要我。. *Ibid.*
5) 后土富媼。. *Ts'ien Han chou,* chap. XXII, p. 8 vᵒ ; cf. *Se-ma Ts'ien,* trad. fr., tome III, p. 614.

10

il est devenu la grande mère de tous les êtres ; il est la Terre divinisée. Autrefois, comme le prouvent deux odes du *Che king*, lorsqu'on sacrifiait au dieu du sol, on faisait en même temps des offrandes aux dieux des quatre points cardinaux [1], car le dieu du sol n'étendait pas au loin son pouvoir. Mais, lorsqu'en 113 avant J.-C., on réglementa le sacrifice à la Souveraine Terre, on éleva cinq autels [2] correspondant aux quatre points cardinaux et au centre et symbolisant l'étendue infinie de la déesse. De même, en 117 avant J.-C., l'investiture fut conférée à des seigneurs de la manière suivante : sur l'autel de la divinité du sol impérial se trouvaient des terres de cinq couleurs correspondant aux quatre points cardinaux et au centre ; on prenait une motte de terre de la couleur appropriée à la situation du territoire érigé en fief ; le nouveau roi la recevait et en faisait son dieu du sol [3]. La divinité du sol impérial renfermait donc en elle toutes les puissances de la terre, elle était la Terre personnifiée.

Cette transformation du dieu terrestre entraîna celle du dieu céleste. Dans le sacrifice *kiao*, le *T'ien* et le *Chang-ti* ne tardèrent pas à être assimilés l'un à l'autre [4] ; mais il est facile de s'apercevoir qu'ici les attributs naturels du Ciel l'emportent toujours davantage sur les attributs moraux de l'Empereur d'en haut. Bien plus, sous l'influence de la doctrine des cinq éléments, la personnalité du *Chang-ti* se trouve

---

1) 以社以方. *Che king, Siao ya*, 6ᵉ décade, ode 7. — 方社不莫. *Che king, Ta ya*, 3ᵉ décade, ode 4. Legge, *C. C.*, vol. IV, p. 377 et p. 532.

2) *Se-ma Ts'ien*, trad. fr., tome III, p. 475.

3) *Se-ma Ts'ien*, chap. LX, et les additions de *Tch'ou Chao-suen* à ce chapitre.

4) Le chapitre *kiao* était proprement le sacrifice au Ciel, comme le prouve le texte de *Se-ma Ts'ien*, (cf. p. 135, n. 1) qui l'oppose au sacrifice offert dans le *Ming t'ang* à l'Empereur d'en haut. Mais, si nous retrouvons quelques vestiges de l'ancienne distinction entre le Ciel et l'Empereur d'en haut, il n'en est pas moins certain que ces deux divinités ont été très promptement confondues l'une avec l'autre. Les textes disent donc indifféremment que le sacrifice *kiao* s'adresse au Ciel ou qu'il s'adresse à l'Empereur d'en haut ; cf. le chapitre *kiao t'o cheng* du *Li ki*.

subdivisée en cinq divinités secondaires[1] ; les cinq Empereurs d'en haut de l'époque des *Han* remplacent l'Empereur unique de l'antiquité ; comme la Terre comprend en elle les quatre points cardinaux et le centre, de même le Ciel renferme cinq régions à chacune desquelles préside un Empereur d'en haut ; ces Empereurs d'en haut ne sont que des gardiens de l'espace céleste ; leur rôle est tout physique ; leur personnalité même n'est qu'illusoire et ils sont subordonnés à l'entité suprême qui les contient tous, le Ciel. Ainsi le dualisme naturiste du Ciel et de la Terre devient l'objet du culte suprême de l'état. Quand *Se-ma Ts'ien* parle de la religion, il appelle ce chapitre le « traité sur les sacrifices *fong* et *chan* » parce que le sacrifice *fong* au Ciel et le sacrifice *chan* à la Terre lui paraissent dominer toutes les autres manifestations religieuses. La même idée se retrouve dans le chapitre de l'histoire des *Han* antérieurs qui est intitulé « traité sur les sacrifices *kiao*[3] », car les deux sacrifices *kiao*, l'un dans la banlieue du Sud, l'autre dans la banlieue du Nord, sont les sacrifices suprêmes au Ciel et à la Terre. Enfin, dans l'encyclo-

1) Dans l'état de *Ts'in* 秦, qui était autrefois un état non chinois, le sacrifice *kiao* fut célébré dès l'année 756 avant J.-C., en l'honneur de l'Empereur blanc qui était une divinité céleste, d'ordre naturiste (*Se-ma Ts'ien*, trad. fr., tome III, p. 420); c'est grâce à l'influence de plus en plus grande prise par le royaume de *Ts'in* dans les affaires chinoises que s'élabore l'évolution qui devait substituer à l'Empereur d'en haut, dieu unique, personnel et moral, quatre Empereurs d'en haut, divinités du ciel physique (les Empereurs d'en haut des quatre lieux saints de *Yong*; *Se-ma Ts'ien*, trad. fr., tome III, p. 446). Les *Han*, qui héritèrent de l'empire de *Ts'in*, systématisèrent cette pluralité de dieux en ajoutant un cinquième Empereur d'en haut (*Se-ma Ts'ien*, trad. fr., tome III, p. 449) qui permit de rattacher cette doctrine religieuse à la théorie des cinq éléments.

2) 封禪書.

3) 郊祀志. Le dictionnaire de *K'ang-hi* définit le mot 郊 de la manière suivante : « Au solstice d'hiver, on sacrifie au Ciel dans la banlieue (*kiao*) méridionale; au solstice d'été, on sacrifie à la Terre dans la banlieue (*kiao*) septentrionale; c'est donc pourquoi les sacrifices au Ciel et à la Terre sont appelés *kiao* 故謂祀天地爲郊. »

pédie de *Ma Toan-lin*, les chapitres sur « le sacrifice *kiao* et
le sacrifice au dieu du sol[1] » ont conservé dans leur titre même
le souvenir que le sacrifice dans la banlieue (*kiao*) ne s'adressait primitivement qu'au Ciel, tandis que le sacrifice au dieu
du sol est celui dont est issu le sacrifice à la Terre. Ces trois
titres différents ont un seul et même sens.

V

En résumé, le dieu du sol nous est apparu comme formant
l'un des deux termes dans deux couples distincts qui sont : d'une
part, le dieu du sol (ou les dieux du sol et des moissons) et l'ancêtre (ou le temple ancestral), *cho-tsi tsong-miao* ; d'autre part,
le Ciel ou l'Empereur d'en haut, et le dieu du sol, *kiao cho*. Le
premier de ces couples est le plus ancien et le plus univer-
sel ; il n'est pas de principauté qui ne fonde son existence
sur ses ancêtres et sur son dieu du sol, et cela est vrai dès les
temps les plus reculés auxquels nous puissions remonter
dans l'histoire chinoise, dès cette harangue à *Kan* qui paraît
bien nous reporter à une époque antérieure au premier mil-
lénaire avant notre ère. Au contraire, le sacrifice au dieu du
sol n'est accouplé au sacrifice au Ciel qu'à partir de la dy-

1) 郊社. *Wen hien t'ong k'ao*, chap. LXVIII et suiv.
Il ne me semble pas qu'il y ait lieu de faire état du texte du *Tchong yong*
dans lequel il est dit que « le sacrifice *kiao* et le sacrifice *cho* sont ce par quoi
on honore l'Empereur d'en haut » 郊社之禮所以事上帝也.
Prise au pied de la lettre, cette phrase donnerait à entendre que l'auteur du
Tchong yong aurait considéré le sacrifice au dieu céleste et le sacrifice au dieu
terrestre comme les manifestations d'un culte suprême adressé à l'Empereur d'en
haut. Mais cette conception d'un dieu unique, maître du ciel et de la terre, est
entièrement étrangère aux idées chinoises antiques ; je suis de l'avis de *Tcheng
K'ang-tch'eng* et de *Tchou Hi* qui soutiennent que, après les mots 上帝,
il faut ajouter les mots 后土 ; avec cette addition, le texte devient intelli-
gible : « Le sacrifice *kiao* (au dieu céleste) et le sacrifice *cho* (au dieu terrestre)
sont ce par quoi on honore *Chang-ti* (l'Empereur d'en haut) et *Heou-t'ou* (la
souveraine Terre) ». Cf. Legge, *C. C.*, vol. I, p. 268.

nastie des *Tcheou*, à l'usage spécial des souverains de cette dynastie qui n'ont consenti à partager ce privilège qu'avec les seuls princes de *Lou*.

Entre ces deux couples différents par leur âge et par leur extension, il semble qu'on puisse établir un rapport de filiation et que le second ne soit que le dérivé du premier. Dans le sacrifice *kiao*, on confondait en une même divinité le Ciel et l'Empereur d'en haut, celui-ci ayant autrefois tous les caractères d'un homme, d'un ancêtre ; au début, le sacrifice au Ciel n'était donc que le sacrifice du roi, Fils du Ciel, à son ancêtre suprême ; ce sacrifice était l'apanage de la maison royale parce que le roi seul avait le droit de se dire Fils du Ciel, mais au fond ce n'était qu'un hommage à l'ancêtre conçu sous une forme particulière ; le sacrifice au Ciel et au dieu du sol n'était donc pas différent spécifiquement du sacrifice à l'ancêtre et au dieu du sol qui était pratiqué par tous les seigneurs.

Mais, avec les progrès du pouvoir royal, ce culte spécial prend peu à peu une importance prédominante ; la religion évolue parallèlement à la politique ; le dieu du sol royal, qui n'était d'abord que le premier entre les innombrables dieux du sol, étend par degrés son domaine et finit par symboliser le territoire entier de l'empire ; c'est ainsi qu'un dieu du sol local, *Heou-t'ou*, se transforme et devient la Souveraine Terre. D'une manière analogue, le dieu du Ciel perd de plus en plus les qualités anthropomorphiques qui permettaient de le considérer comme un Empereur d'en haut, ancêtre lointain des souverains d'ici-bas ; il s'élargit à l'égal de la voûte azurée ; il se confond avec le Ciel. Le Ciel et l'Empereur d'en haut, qui étaient vraisemblablement autrefois des divinités distinctes, se sont combinés l'un avec l'autre, et, dans cette union mal assortie, les attributs du Ciel ont empiété toujours davantage sur ceux de l'Empereur d'en haut. Le Ciel majestueux et la Souveraine Terre, tels sont en fin de compte les deux objets du culte royal, puis impérial ; un dualisme naturiste qui embrasse tout l'univers s'affirme ainsi au moment où le Souverain lui-même se prétend le maître du monde.

Cependant, à côté de ces divinités colossales qui éclipsent toutes les autres par leur éclat, continuent à subsister les antiques dieux du sol et des moissons et le temple ancestral[1], témoins des croyances les plus invétérées de la race. Ils représentent les sentiments primitifs du laboureur chinois qui, dans sa rude tâche journalière, comptait sur l'appui surnaturel que pouvaient lui prêter ses ancêtres, comme un enfant se confie en son père, et qui implorait la clémence du sol natal pour que des cataclysmes imprévus ne vinssent pas ruiner l'espoir de ses jeunes moissons. Ce culte local et familial est le substratum le plus profond de la pensée religieuse en Chine ; rien n'est plus près des origines que le dieu du sol et le temple ancestral.

Ed. CHAVANNES.

1) Sous la dynastie actuelle, tous les événements importants qui concernent la famille impériale sont annoncés au Ciel, à la Terre, au temple ancestral et aux dieux du sol et des moissons 天地太廟社稷 (cf. *Gazette de Péking*, traduction anglaise, 1872, p. 123 ; *Hoang tch'ao wen hien t'ong k'ao*, chap. cxxvi, p. 16 r° ; *Hoang tch'ao t'ong tche*, chap. xliii, p. 10 v°, etc.). On voit là réunis les deux couples *kiao cho* et *cho tsi tsong miao* parce que la famille impériale se rattache, d'une part, en tant qu'impériale, au Ciel et à la Terre, et d'autre part, en tant que famille, à ses ancêtres et à ses dieux locaux.